AF206927

Haben Sie einen blauen Dunst?
Macht Rauchen frei?
von
Beate Hefler

Das Buch:

In diesem Buch reflektiere ich meinen Weg von der Nichtraucherin zur Raucherin und wieder zurück. Nun frage ich Sie liebe Leserin und lieber Leser: Haben Sie einen blauen Dunst? Macht Rauchen Frei?

Die Autorin:

Seit 2005 bin ich als freischaffende Künstlerin und Autorin tätig. Weitere Informationen finden Sie unter:
www.beate-hefler.de

Haben Sie einen blauen Dunst?
Macht Rauchen frei?
von
Beate Hefler

Impressum

Text Copyright © 2017 by Beate Hefler
Text © von Beate Hefler
Titelfoto © von Beate Hefler
Zeichnung © von Beth Fischer
Covergestaltung © von Beth Fischer
ISBN 978-3-7448-0241-3

© 2017
Herstellung und Verlag BoD – Books on Demand, Norderstedt.

Bibliografische Information der Deutschen Bibliothek:
Die Deutsche Bibliothek verzeichnet diese Publikation in der
Deutschen Nationalbibliografie; detaillierte bibliografische Daten
sind im Internet über <http://dnb.ddb.de> abrufbar

Haben Sie einen blauen Dunst? Macht Rauchen frei?

Das ist die Frage!

Die menschliche Bevölkerung lässt sich in zwei Kategorien unterteilen: Menschen die rauchen und Menschen, die nicht rauchen.
Von Geburt an ist der Mensch Nichtraucher, der zweiten Gruppe kann er also erst im Laufe eines Lebens angehören.

Bereits in der Pubertät dachte ich darüber nach, was Leute dazu bewegt, Zigaretten zu rauchen.
Als ich 12 Jahre alt war, erzählte mir meine jüngere Schwester, dass sie sich mit ihrer Clique zusammen heimlich in einem kleinen Wäldchen trifft um gemeinsam zu rauchen.
Die Frage beschäftigte mich sehr, warum Kinder im Alter von zehn bis elf Jahren Zigaretten rauchen, wo doch jeder weiß, dass rauchen süchtig macht und dass es für Kinder verboten ist.
In den achtziger Jahren durften Zigaretten bereits an 16-Jährige verkauft werden nicht erst an 18-Jährige wie

in der heutigen Zeit. Zigarettenautomaten waren für jeden zugänglich, der über die nötige Menge Kleingeld für eine Schachtel Zigaretten verfügte, egal welches Alter der Käufer hatte. Die Alterskontrolle wurde erst zehn, zwanzig Jahre später per Ausweis- oder Geldkartenkontrolle eingeführt.

Das Geheimnis meiner Schwester belastete mich. Einerseits da ich Angst hatte, dass sie süchtig wird und evtl. in schlechte Kreise gerät, (ich hatte kurz zuvor eine Drogengeschichte, die in Berlin spielt, gelesen: darin begannen völlig normale Kinder zu rauchen und landeten letzten Endes bei Heroin) und andererseits dachte ich an das genussvolle Pfeifenrauchen meines Opas und an meinen Vater, der Zigaretten rauchte und dennoch kein Heroinabhängiger ist. Außerdem hatte ich die Menschen schon öfter sagen hören, dass ihnen die Zigarette schmeckt. Welch angenehmer Geschmack mochte sich wohl hinter dem unangenehmen Geruch verbergen?

So beschloss ich mich ebenfalls heimlich in die verbotene, geheime Welt des Rauchens zu begeben und heraus zu finden, was es nun mit dem Rauchen auf sich hat.

Aus diesem Grund schlich ich an einem Nachmittag nach der Schule zum Zigarettenautomaten zwei Straßen entfernt, in der Hoffnung, unentdeckt eine Schachtel aus dem Automaten zu ziehen ohne von jemandem gesehen zu werden und dann zu Hause Ärger zu bekommen.

Mit meinem Taschengeld machte ich mich also auf den Weg. Von der Nähe sah der Automat sehr viel größer aus, als ich ihn vom Vorübergehen in Erinnerung hatte. Es gab viele Abbildungen von unterschiedlichen Marken im Zigarettenautomaten, die genaue Anzahl weiß ich nicht mehr, es standen jedoch mindestens zehn bis zwanzig Wahlmöglichkeiten zur Verfügung.
Ich erkannte die Marke, welche mein Vater rauchte, diese war eine leuchtend orange Schachtel.
Dann sah ich eine gezeichnete Schachtel, diese schien eine Bildergeschichte erzählen zu wollen über die Wüste, Pyramiden und Wüstenschiffe.
Vor meinem geistigen Auge begann die Werbung abzulaufen, welche immer vor den Kinofilmen lief.
In einem dieser Werbefilme, sah man aufgewühltes Meer, ein Segelboot, das in den Wellen kämpfte und Männer, die beherzt die Segel in die richtige Position brachten und

dabei sehr stark und konzentriert wirkten. Am Ende des Spots, als die Gefahr vorüber war, zündeten sich die Männer lachend eine Zigarette an und unterhielten sich über das bestandene Abenteuer.

Besonders intensiv kann ich mich an die Reklamefilme einer Marke erinnern die mit dem Image des Wilden Westens spielten. Der Zuschauer konnte auf der großen Kinoleinwand endloses Grün sehen, dann galoppierten wilde Mustangs über das Bild. Hinter diesen jagten Cowboys mit Lassos her und trieben die wilden Pferde in eine umzäunte Koppel. Dann wurde es Abend. Sternenhimmel, der Kinobesucher sah ein Lagerfeuer, darüber hing ein dampfender Kessel. Um die gemütlich lodernden Flammen saßen lachende Cowboys, die sich zufrieden nach getaner Arbeit eine Zigarette anzündeten. All diese Bilder von Freiheit, Abenteuer, Weite und Stärke hatte ich im Kopf und gleichzeitig den unangenehmen Geruch den die Zigaretten verströmten, wenn Menschen rauchten.

Da mich diese große Auswahl an Schubladen und Marken ratlos machte, fasste ich den Entschluss einfach irgend eine Schachtel auf gut Glück herauszuziehen.

Ich holte meine Münzen aus der Hosentasche und warf

die erste in den Münzschlitz. Ich hörte, wie sie laut lärmend nach unten in den Auffangbehälter fiel und sah nach links und rechts, ob mich niemand gesehen hatte bei dem Lärm, denn ich musste noch drei Münzen einwerfen, ehe ich an einer der Schubladen ziehen konnte.

Nachdem noch kein Fenster geöffnet wurde oder jemand die Straße entlangkam und meinen Namen rief, warf ich rasch die restlichen Münzen ein. Im gleichen Moment als die letzte Münze in den Auffangbehälter fiel, zog ich kurz entschlossen an einer der mittleren Schubladen. Es ging nicht, ich stellte fest, dass ich mehr Kraft brauchte und kräftiger daran ziehen musste. Mein Einsatz wurde belohnt, die Schublade öffnete sich mit einem lautem

KRACK.

Schnell fischte ich die bunte, in Zellophan gehüllte Schachtel heraus und versteckte sie zügig in meiner Jackentasche. Mit einem viel zu lautem

TSCHIK

schloss sich die Schublade.

Da ich unentdeckt geblieben war, machte ich mich auf den Weg zum Friedhof, der zwei weitere Straßen entfernt war. Dahinter lag noch eine viel befahrene Bahnstrecke. Der Fußgängertunnel führte mich unter diesen Bahngleisen durch. Nun befand ich mich in der letzten Straße unseres Dorfs. Hier gab es nur noch fünf Wohnhäuser, einen Firmenlagerplatz mit Schäferhund und sonst nur Bäume, Felder, Feldwege, Himmel und Natur.

So ging ich den kleinen ungeteerten Weg an den fünf Häusern entlang, in der Hoffnung, auch hier unentdeckt zu bleiben. Noch eine Kurve und ich war hinter dem letzten Haus im Dorf verschwunden. Ich hatte es geschafft, unbemerkt mit einer Schachtel Zigaretten aus dem Dorf zu kommen.

Aufgeregt setzte ich mich im Schneidersitz auf den Boden. In meinem Rücken befand sich eine ca. 1,80 bis 2,00 Meter hohe Thujenhecke, mir gegenüber sah ich die Bäume des Wäldchens, links von mir endete der Feldweg seinem Namen nach im Feld und rechts von mir befand sich die viel befahrene Bahnstrecke.

Hier saß ich nun gut geschützt und versteckt von der

restlichen Welt unterwegs in geheimer Mission.

Die Thujen rochen streng und pieksten mich ein wenig in den Rücken, das Gras war trocken und kühl, der Weg staubig und steinig.

Aus meiner Tasche holte ich die Zigarettenschachtel betrachtete sie, sie war rot und weiß. Wie ich es oft bei Erwachsenen gesehen hatte, entfernte ich die Zellophanhülle vom oberen Drittel der Schachtel und dann das silberne Stanniolpapier vor der ersten Zigarettenreihe.

Es roch herb. Die einzelnen Zigaretten steckten straff nebeneinander, so dass ich Mühe hatte eine aus der Packung herauszubekommen ohne sie abzubrechen.

Zu Hause hatte ich eines der unzähligen Feuerzeuge mit aufgedruckter Firmenwerbung mitgenommen in der Hoffnung, dass es eh keiner vermissen wird. Dieses zog ich aus meiner Tasche und steckte mir die Zigarette in den Mund. Der Filter fühlte sich irgendwie komisch auf meinen Lippen an. Ich überlegte kurz noch einmal ob das Experiment den möglichen Ärger wert sein würde, oder ob ich eine mögliche Nikotinabhängigkeit riskieren sollte, von der so viel gesprochen wurde.

Fragen und Sorgen hin oder her. Die Neugier überwog.
Ich entzündete nun das Feuerzeug und hielt es an die
Zigarette: sie wurde am vorderen Ende leicht schwarz
und etwas enttäuscht stellte ich fest, dass nichts weiter
passiert war. Ich dachte daran, was ich über das Rauchen
gehört hatte, dass manche Leute nur paffen und andere
auf Lunge rauchen, bzw. inhalieren.
Also zückte ich das Feuerzeug erneut und zog etwas
kräftiger und siehe da Rauch stieg auf und ich paffte
diesen in kleinen Wolken wieder in die Luft ohne ihn zu
schlucken.

Nachdem ich die erste Zigarette bis zum Filter zu Ende
geraucht hatte, stellte ich einige Dinge fest.
Erstens roch meine Hand und meine Kleidung nach
kaltem Rauch. Zweitens hatte ich einen seltsamen
bitteren Nachgeschmack im Mund. Drittens ich fühlte
mich nicht anders als vorher, bis auf das unangenehme
Gefühl, etwas Verbotenes getan zu haben und viertens,
dies war der wichtigste Punkt meiner Erkenntnisse, der
Zigarettenrauch schmeckte genauso unangenehm, wie er
roch. Es war mir unerklärlich, wie die Menschen sagen
konnten, ihnen schmeckt die Zigarette. Ich dachte, sie

meinten, damit sie schmecke angenehm z. B. nach Erdbeergeschmack oder nach irgend einem süßlichen, verlockenden Geschmack, so ähnlich wie ein Pudding zum Dessert nach dem Mittagessen. Doch weit gefehlt! Der Rauch schmeckte ebenso bitter und intensiv wie er roch.

Enttäuscht packte ich die restlichen Zigaretten und das Feuerzeug in eine mitgebrachte Blechdose, steckte diese in einen Gefrierbeutel und grub ein Loch unter den Thujen und legte meine Dose mit dem geheimen Innenleben hinein.

Etwas unsicher machte ich mich auf den Heimweg und hoffte, dass ich weiterhin unbehelligt mit meiner geheimen Mission durchkam.

Ich war nun entschlossen, mich der Reihe nach durch alle im Automat enthaltenen Zigarettenmarken durchzuarbeiten, bis ich Zigaretten finden würde, die „schmecken".

Das war meine erste, direkte, bewusst herbeigeführte Begegnung mit einer Zigarette.
Bei meinem ersten Zug an einer Kippe war ich zwischen

zwölf und dreizehn Jahre alt.

Um es kurz zu machen: es gelang mir natürlich nicht in einem kleinen Dorf, trotz aller Vorsichtsmaßnahmen bis zum erlaubten Zigarettenkaufalter unentdeckt zu bleiben und mehr oder weniger täglich heimlich in der Öffentlichkeit zu rauchen.

Nach ein paar Monaten flog mein Geheimnis auf. Danach musste ich hoch und heilig versprechen, nicht mehr zu rauchen. Es blieb bei einem Versprechen, an das ich mich nicht hielt. Warum ich weiter rauchte, kann ich nicht so genau sagen, denn selbst als ich alle Zigarettenmarken im Automat durchprobiert hatte, war keine mit Erdbeergeschmack oder mit einem angenehmen Geschmackserlebnis darunter, der Geschmack im Mund blieb bitter.

Meine Schwester blieb unentdeckt und hatte das Rauchen nach ein paar Versuchen mit den anderen Kindern zusammen längst aufgegeben.
Und ich hatte mich mit weniger als dreizehn Jahren der Gruppe der Raucher angeschlossen. Ohne dass mich jemand dazu aufgefordert hätte. Ich rauchte auch nicht um dazuzugehören, also war ich auch nicht dem

sogenannten „gesellschaftlichem Zwang" unterlegen, mit anderen gemeinsam zu rauchen, weil das andere so machen.

Ich hatte also freiwillig angefangen zu rauchen, ohne dass jemand davon wusste, oder daran beteiligt war.

Bis ich 15 bzw. 16 Jahre alt wurde, habe ich weiterhin heimlich geraucht, mit Ausnahme von der einmaligen Entdeckung.

Wann genau mein bewusst herbeigeführter Selbstversuch zur unhinterfragten Gewohnheit wurde, kann ich nicht mehr genau sagen.

Ich weiß nur, dass ich irgendwann begonnen hatte, mich mit dem Cowboy-, Abenteurer-, einsamer Wolfsimage der Werbestrategien der Tabakindustrie zu identifizieren und dass ich begonnen hatte, die Zigarette als Ausdrucksmittel meines Selbst zu gebrauchen.

Ich habe angefangen, mich mit den Werbeklischees der Tabakindustrie zu identifizieren und ein von mir kreiertes Selbstbildnis in die Welt zu stellen. Der Glimmstängel wurde sozusagen ein Schlüssel, der mich direkt vom Lesen der Abenteuerromane und Phantasiebücher hinein in die magische Welt meiner

Helden brachte. So habe ich begonnen, meine eigene magische Welt mittels Zigaretten direkt im grauen Alltag zu erschaffen.

Abenteurer rauchen am Lagerfeuer. Cowboys trinken nachts, nach einem anstrengendem Tag Kaffee und rauchen dazu eine Zigarette um sich nach einem anstrengenden Tag zu entspannen. Gandalf in Herr der Ringe stopft sich eine Pfeife und während er die Pfeife anzündet und dann lustige Ringe in die Luft bläst, teilt er den Gefährten mit, wie sie der schier aussichtslosen Lage entkommen können.

Heiler, Medizinmänner und Schamanen rauchten um die Verbindung mit den Göttern herzustellen und dann eine Antwort zu erhalten bzw. eine Vision zu bekommen.

Indianer rauchten die Friedenspfeife, um des Friedens willen.

So mancher gewitzte Ermittler und Detektiv stieß nach gerade entkommener Gefahr Rauchwolken in die Luft, um seine angespannten Nerven zu beruhigen.

James Dean, der junge, sensible Rebell, missverstanden von der erwachsenen, gefühlskalten Welt, war sehr häufig auf Schwarzweißfotografien unschuldig und verloren in der Welt, mit lässig aus dem Mundwinkel ragender selbstgedrehter Zigarette zu sehen.

Auf mich wirkte seine Zigarette, wie ein stummer Protest gegen die Engstirnigkeit in der sehr stark auf Materie fokussierten Welt. Gleichzeitig hatte ich auch den Eindruck, dass ihm die Zigarette in einer haltlosen Welt Schutz und Halt bot. Vergleichbar mit einem Ertrinkenden, der sich an den über Bord geworfenen Rettungsring klammert.

Rückblickend stelle ich fest, dass die Redensart, der Mensch ist ein Gewohnheitstier, den Nagel auf den Kopf trifft.

So war spätestens im Alter von 16 Jahren rauchen zu einem festen Bestandteil meines Lebens geworden ohne dass es mir aufgefallen wäre.

Denn, als wieder einige Zeit vergangen war und ich mit 16 Jahren Zigaretten oder später Tabak völlig legal kaufen konnte, habe ich, ohne groß darüber nachzudenken, rechtzeitig meine Rauchutensilien eingekauft, so wie ich immer für genug Brot im Haushalt gesorgt habe, damit ich nie ohne dastehe. Schon alleine der Gedanke daran, dass ich nicht genügend Lebensmittel oder Tabak im Haus haben könnte, machte mich nervös und lies mich vorsichtshalber gleich eine Portion mehr essen und ein paar Zigaretten mehr rauchen. Quasi prophylaktisch, falls ich mich verkalkuliert hätte, dann würde ich mich, gestärkt durch das Notwurstbrot und den Nottabak vielleicht noch mit allerletzter Kraft bis zum nächsten Lebensmittelgeschäft, bzw. Tabakhändler schleppen können.

So war ich noch nicht einmal volljährig und schon in einem Kreislauf, den ich nicht mehr hinterfragte. Von einer experimentierenden Außenstehenden hatte ich mich von einer Nichtraucherin in eine Raucherin verwandelt, ohne dass es mir je in den Sinn gekommen wäre.

Als ich mit achtzehn Jahren von zu Hause in meine eigene Wohnung gezogen bin, musste ich auf niemanden mehr Rücksicht nehmen. So konnte ich ohne aus dem Haus zu gehen rauchen, wann und wo ich wollte. Und ich wollte. Jetzt erst recht. Freiheit. Ich ein einsamer Ranger in der fremden, weiten Welt.

Ein ganz normaler Tagesablauf war unterteilt in Zigarettenlängen. Ganz selbstverständlich bürgerte es sich ein und gab mir meinen Tagesrhythmus vor.

Ein durchschnittlicher Tag sah etwa so aus:
aufstehen – rauchen
frühstücken – rauchen
fertig machen für den Tag – rauchen
in den Pausen – rauchen
nach dem Essen – rauchen
vor dem Schlafengehen – rauchen

Dann gab es die situationsbedingten Zigaretten:
auf jemanden oder etwas warten – rauchen
bevor ich eine Aufgabe angehe – rauchen
wenn eine Aufgabe ins Stocken gerät – rauchen
wenn eine Sache erledigt ist – rauchen
Zeit schinden wollen – rauchen
für eine Weile abschalten wollen – rauchen
über etwas nachdenken wollen – rauchen
telefonieren – rauchen
gemütliche Runde – rauchen
Rauchertreffen zu Pausen – rauchen

Belohnung – rauchen

Gedankenlosigkeit – rauchen

innere Leere – rauchen

innere Enge – rauchen

Es gab auch gefühlsbedingte Zigaretten:

Angst haben – rauchen

nervös sein – rauchen

sich Sorgen machen – rauchen

genervt sein – rauchen

verärgert sein – rauchen

glücklich sein – rauchen

hilflos fühlen – rauchen

ratlos sein – rauchen

Wut – rauchen

Traurigkeit – rauchen

einsam sein – rauchen

Unentschlossenheit – rauchen

unter Druck sein – rauchen

unentschieden sein –rauchen

… und viele Zigarettengründe mehr

Raucher kommen mit anderen Rauchern eher ins Gespräch, es ist da ähnlich wie mit Hundebesitzern untereinander. Man kann sich gegenseitig schnell erkennen die Hundebesitzer erkennen sich am Waldi und die Raucher erkennen sich am qualmenden Glimmstängel.

Der Raucher sagt: „Haben Sie Feuer?" und der Hundebesitzer sagt: „Geht Ihrer auch so gut bei Fuß?"

Beide Gruppen haben noch eine weitere Gemeinsamkeit: sie treffen sich an den für sie typischen Plätzen. Raucher treffen sich an den Raucherecken und in den Raucherzimmern und dies bei jedem Wetter. Hundebesitzer treffen sich in Wald und Flur, ob es stürmt oder schneit. Selbst der schüchternste Raucher und Hundebesitzer hat sofort ein Gesprächsthema, z.B. haben Sie mal Feuer? oder wie alt ist denn Ihrer?

Gleichzeitig können sie sich auch gut hinter ihrer Zigarette verstecken. Im Kreis stehen, Rauchschwaden in die Luft blasen und ins Weite starren, also sich quasi hinter einer Qualmwand unsichtbar machen. Der Hundebesitzer ruft: „ Nein, nicht Wuffi, hierher Wuffi!", und dann „Entschuldigen Sie bitte, Wuffi will weiter.“

Resümee:

Unzählige Filter, Zigarettenpapiere und Tabakmengen später waren etwa drei Jahrzehnte ins Land gezogen, ohne dass ich es bemerkt hatte. Was habe ich in diesem Zeitraum getan?
Ich hatte mich mit Tabakwaren eingedeckt. Mich in blauen Dunst eingehüllt. Unmengen von Aschenbechern geleert....

~

Wir machen nun einen Zeitsprung - ca. 30 Jahre später.

~

Im Oktober 2012 wurde ich im Rahmen der Frankfurter Buchmesse durch ein Radiointerview auf einen Verlag aufmerksam. Der interessante Sendebeitrag weckte meine Aufmerksamkeit und ich stellte mir die Frage, ob dieser Verlag wohl geeignet wäre, um meine Bücher zu veröffentlichen.

Da nicht jeder Verlag alle Genres verlegt, machte ich mich über das Internet schlau, ob meine Bücher in das Verlagsprogramm passen würden.

Das erste Suchergebnis brachte mich dann zu einem Titel des Verlages der sich damit beschäftigte wie man binnen kürzester Zeit zum Nichtraucher wird.

Zu diesem Zeitpunkt war ich noch immer felsenfest davon überzeugt, dass ich bis an mein Lebensende rauchen möchte, da es für mich so stimmig war und das Rauchen bereits ein Teil meines Selbstbildnisses war, hatte ich doch zu diesem Zeitpunkt bereits um einiges mehr Jahre als Raucherin, denn als Nichtraucherin verbracht.

Dennoch las ich die Kommentare der Menschen, die das Buch gekauft hatten, mit gespannter Aufmerksamkeit. Dabei sprachen mich die nachfolgenden Berichte an.

Der erste Text lautete in etwa so: Ich bin Seefahrer und habe täglich drei Schachteln Zigaretten geraucht, nun bin ich Nichtraucher. Jetzt habe ich folgendes Problem: Was fange ich mit all der Zeit an, die übrig ist, in der ich gewöhnlich rauchte?

„Genau so ist es!", hörte ich eine Stimme in mir. Wie schlimm es wäre nicht mehr zu rauchen, wohin mit all der Zeit und den Händen? Was könnte denn dann meine Gedanken ordnen, wenn ich keine Zigarette mehr rauchen würde? Nicht auszudenken. Auf den schrecklichen Gedanken hin rauchte ich gleich eine Zigarette.

Dann las ich weiter. Eine Frau schrieb sie hat es nicht geschafft mit dem Rauchen aufzuhören, dafür hat sie sich Kräuterzigaretten in der Apotheke gekauft, die enthalten z. b. Rosenblätter und Blätter von Bäumen. Sie sind frei von Tabak und Nikotin.

Den Gedanken fand ich sehr interessant. Ich dachte bei mir, dann wäre das Problem gelöst, was ich mit meiner Zeit und meinen Rhythmus ohne Zigaretten anfangen würde, falls ich jemals zu rauchen aufhören würde.

Ich könnte einfach Kräuterzigaretten rauchen, statt

Löcher in die Luft zu starren.

Eine Frau schrieb, sie halte nichts davon fertige Kräuterzigaretten zu kaufen, sie dreht ihre Zigaretten selbst und dazu nimmt sie einen Kräutertabak der ebenfalls frei von Nikotin, Tabak und Zusatzstoffen ist. Die Bestandteile sind z. B. Weinblätter, Löwenzahn, roter Klee u. a. Blätter mehr.

Dies weckte meine Neugier. Auf der einen Seite dachte ich, wie mag dies wohl schmecken und andererseits dachte ich mir, das ist ja wunderbar, alles ohne Tabak und Nikotin. Schon seit ein paar Jahren rauchte ich Tabak der frei ist von Zusatzstoffen der Zigaretten-industrie. Doch wenn ich jetzt noch meinem „Hobby" Rauchen nachgehen kann ohne Nikotin zu inhalieren, das wäre ja wertvoll, dachte ich so bei mir.

Als ich so über das Gelesene nachdachte und die Worte der Menschen auf mich wirken lies, fiel mir auf, dass die Hälfte der Menschen die nicht mehr rauchen wollten, es geschafft hatten und die andere Hälfte es vergeblich versucht hatte.

Aus den Worten konnte ich jedoch nicht entnehmen woran es gelegen hat.

Ich für mich meinte, eventuell lag es bei den Menschen, die nach dem Programm noch Raucher waren daran, dass sie vom Nikotin abhängig sind.

Im gleichen Atemzug überlegte ich, wie es wohl bei mir ist. Da meldete sich eine Stimme in mir, die sagte: „ Du bist auf keinen Fall nikotinabhängig!" und gleichzeitig antwortete eine andere Stimme in mir: „ Du machst dir etwas vor, wer etwa 30 Zigaretten am Tag raucht, der ist sehr wohl abhängig."

Dies brachte mich auf die Idee, einen Selbstversuch zu starten, welche der beiden Stimmen, denn nun recht behalten wird. Dieses Experiment konnte ich ja gefahrlos starten, denn ich musste ja zu keiner Zeit auf meinen liebgewonnenen Glimmstängel verzichten, er wäre ja immer noch da, doch ist er für meinen Körper schadstoffärmer.

Das war mein theoretischer Plan für meinen zweiten Selbstversuch zum Thema Rauchen innerhalb von 30 Jahren.

Zu diesem Zeitpunkt hatte ich noch eine halbvolle große

Dose Tabak zu Hause. Ich dachte mir ich brauche diesen auf und dann starte ich den praktischen Teil meines Experiments.

Da mir mein Plan nicht aus dem Kopf ging, machte ich mich auf den Weg zu meinem Stammtabakladen um dort, den Kräutertabak ohne Nikotin und Tabak zu kaufen.

Die Verkäuferin teilte mir mit, dass sie so etwas nicht im Laden haben. Auf meine Frage, ob sie den Kräutertabak für mich bestellen kann, rief sie ihren Chef an. Dieser ließ mir sagen, sie können nur Zigaretten und Tabak mit Nikotin bestellen und verkaufen.

Nachdenklich machte ich mich auf den Heimweg. Zu Hause setzte ich mich vor den PC und bestellte übers Internet eine Schachtel Kräuterzigaretten in einer Onlineapotheke und eine Auswahl verschiedenster Kräutertabaksorten bei einem Bodyshop in Berlin.

Um die Wartezeit zu überbrücken, holte ich mir etwas Biokräutertee aus der Teedose in meiner Küche und drehte mir schon mal vorab eine Zigarette...

Es war erstaunlich. Einerseits roch es so, wie wenn man die Wohnung mit Kräutern ausräuchert und zum anderen stellte ich fest, dass der Rauch in meinem Hals ein angenehmeres Gefühl hinterließ als es mit dem Tabak aus

Tabakpflanzen der Fall war.

So wartete ich gespannt auf meinen Kräutertabak und meine Schachtel Kräuterzigaretten für den schnellen Notfall. Gleich nach dem Erhalt des Pakets testete ich meine erste selbstgedrehte Zigarette mit Kräutertabak und das Ergebnis war in etwa dasselbe wie mit meiner Kräuterteezigarette. Im Raum roch es nicht mehr nach kaltem, abgestandenem Rauch, sondern als hätte ich eine Raumräucherung mit Kräutern gemacht. Ich hatte weder ein kratziges Gefühl im Hals noch einen bitteren Geschmack im Mund.

Daraufhin beschloss ich den restlichen Tabak aus Tabakblättern und mit dem Inhaltsstoff Nikotin nicht mehr weiterzurauchen, sondern gleich bei den Kräuter-zigaretten zu bleiben.

Ich beobachtete und analysierte mich sorgfältig. Stellte ich doch keine Heißhungerattacken fest, nachdem meinem Körper doch die jahrelange, regelmäßige Nikotinzufuhr fehlt. Nein, das war nicht der Fall.

War ich im Alltag, reizbarer geworden, auf Grund des Nikotinentzugs? Nein, auch das war nicht der Fall.

Seltsam, dachte ich, all die Dinge vor denen Menschen gewarnt werden, die mit dem Rauchen aufhören wollen, trafen auf mich nicht zu.

Dafür machte ich eine andere erstaunliche Beobachtung. Nachdem ich ca. drei Wochen lang nur Kräuterzigaretten geraucht hatte, stellte ich fest, dass ich die gleiche Anzahl von Kräuterzigaretten rauchte, wie zuvor mit dem herkömmlichen Zigarettentabak.

An hektischen Tagen bis zu 30 Stück. Ich fragte mich, woran dies wohl liegen mag. Es kann nicht daran liegen, dass mein Körper an stressigen Tagen nach einer höheren Dosis Nikotin verlangt als zu entspannteren Zeiten, denn in dem Kräutertabak ist ja kein Nervengift enthalten, das meinen Körper in irgendeiner Weise beeinflusst hätte. Was war es dann, dass meine tägliche Zigarettenration unverändert blieb?

Ich rauchte genau in der gleichen Situation wie vor der Umstellung. Plötzlich ging mir ein Licht auf. Meine täglich, gerauchte Zigarettenmenge war also von den Umständen abhängig und sie hatte nichts mit dem Nikotingehalt des Tabaks zu tun. Soviel konnte ich im Moment feststellen, mehr aber nicht.

In der dritten Woche fand ich es zunehmend zeitaufwändig, zu bestimmten Situationen zu rauchen und es begann mich zu stören, wie viel von meiner Tageszeit ich damit verbrachte, Rauch in die Luft zu blasen.

13.11.2012

Am 13.11.2012 traf ich mich um zehn Uhr mit einer Freundin zu einem Seespaziergang. Als wir uns für eine längere Zeit von einander verabschiedeten, geschah etwas Erstaunliches, sie sagte, zum ersten mal seit ich sie kannte, willst du nicht zum Abschied eine rauchen. Früher hätte ich gesagt: „Ja auf jedem Fall, jetzt wo wir uns so lange nicht mehr sehen."

Stattdessen sagte ich zu ihr, in den letzten drei Jahrzehnten habe ich spätestens eine Stunde nach dem Aufstehen die erste Zigarette geraucht. Stell dir vor, heute hatte ich einiges zu erledigen und ich hatte es so eilig zu unserem Treffen an den See zu kommen, so dass ich heute noch keine Zigarette geraucht hatte. Das erste Mal seit ich mich erinnern kann, war ich nun schon vier bis fünf Stunden wach und hatte noch nicht geraucht. Doch wenn du meinst, dann kann ich gerne eine rauchen.

Als ich gerade anfangen wollte, mir die Zigarette zu drehen, da sagte sie: „Weißt du, vielleicht rauchst du heute nicht und erst wieder morgen oder übermorgen?" Ich entgegnete ihr, das könne ich mir nicht vorstellen.

Schnitt

Doch sie sollte Recht behalten. Bis zum heutigen Tag habe ich keine Zigarette mehr geraucht.
Das Unfassbare war passiert. Genau so, wie ich mir nie vorstellen konnte, wie es ist, Raucherin zu sein, so konnte ich mir all die Jahre als Raucherin nicht mehr vorstellen, wie es ist, Nichtraucherin zu sein. Und nun war es so von einem Moment auf den anderen.

Es vergingen ein paar Wochen, ohne das mir etwas Außergewöhnliches aufgefallen wäre.
Mir fehlten weder die Zigaretten noch das Nikotin.
Ich bekam keine Heißhungerattacken, nahm nicht an Gewicht zu und ich wusste auch mit meiner rauchfreien Zeit jede Menge anzufangen.
Es kam mir äußerst seltsam vor, dass ich etwas Wesentliches in meinem Leben verändert hatte und ich

keinen Unterschied feststellen konnte.

Die Erklärung bekam ich ebenso unvorhersehbar.
Im Alltag kam eine Situation, in der ich mich ärgerte, und
plötzlich machte ich meinem Ärger Luft. Ich erkannte
mich selbst nicht mehr, dass ich so impulsiv reagierte
und meinen Gefühlen freien Lauf ließ, überraschte mich
und mein Gegenüber. Normalerweise hätte ich mir eine
Zigarette angezündet und zurückgesteckt, und meine
Gefühle heruntergeschluckt.

Ein anderes Mal war ich beim Einkaufen und
irgendetwas berührte mich so sehr, dass ich in aller
Öffentlichkeit anfing zu weinen und ich ließ es geschehen.
Früher hätte ich mir eine Zigarette angezündet und eine
Mauer aus Rauch zwischen mir, der Welt und dem
Erlebnis aufgebaut. - Vernebelungstaktik -

Eine Reihe ähnlicher Situation erlebte ich in den
darauffolgenden Tagen und allmählich fiel es mir wie
Schuppen von den Augen, was sich verändert hatte.
Ich ließ meinen Gefühlen freien Lauf und zeigte mich so,
wie ich mich fühlte ohne Wenn und Aber. Als Raucherin

zündete ich mir z. B. bei einem unangenehmen Gefühl eine an und unterdrückte gleichzeitig meine Emotion. Wenn ich mich in der Öffentlichkeit oder in einer Situation unwohl fühlte, drehte ich mir einen Glimmstängel und verschanzte mich hinter einer Wolke aus Rauch.

Als ich dies begriff, war für mich klar dass ich nie mehr rauchen werde, denn ich habe von meinen Mitmenschen erwartet, dass sie mich und meine Gefühle und Gedanken ernst- und wahrnehmen, doch wie sollten sie, wenn nicht einmal ich mich getraut habe meine Gedanken auszudenken und meine Gefühle auszuleben.

Ab diesem Zeitpunkt habe ich mir selbst versprochen, dass ich durch alle Gefühle und Situationen durchgehe, auch wenn es manchmal schmerzhaft oder unangenehm ist. Dies nehme ich billigend in Kauf, da ich es mir wert bin, meine Gefühle auszuleben, anstatt sie zu unterdrücken und ich mich meinem Leben stelle anstatt mich hinter einer Rauchwolke zu verstecken.
So schließt sich der Kreis und ich komme zum Abschluss zu der Frage:

Haben Sie einen blauen Dunst? Macht Rauchen frei?

Ich habe die Frage für mich beantwortet.

Was meinen Sie?

Ich wünsche Ihnen ein erfülltes und breitgefächertes Leben.

ENDE

☺

☺

Meine bereits veröffentlichten Bücher:

Die kleine Seele verreist - Lebensreise –
ISBN Nr. 978-3842348066

Reiherflug - Seelenverbindung
ISBN Nr. 978-3734743443

Die einbeinige Möwe – Seelenmalerei
ISBN Nr. 978-3833466199

Sternenstaub im Gezeitenmeer – Seelenfenster
ISBN Nr. 978-3839112748

Die Tränen der Steine
ISBN Nr. 978-3844265705

Seegespräche – Herzensverbindung
Kraftort Baggersee Ingolstadt
ISBN Nr. 978-3844280708

Bereit sein - das Leben in all seiner Fülle zu wagen
ISBN Nr. 978-3844252651

Engel ohne Flügel
ISBN Nr. 978-3844268768

Kleinigkeiten am Wegesrand Spotlight I
ISBN Nr. 978-3741802485

Schmerz - verbundenes Herz Spotlight II
ISBN Nr. 978-3741815485

Fülle - folge dem Lebensfluss Spotlight III
ISBN Nr. 978-3741824418

Danke * Tag für Tag *: Wunder erleben und teilen
ISBN Nr. 978-3741254079

Worte - Resonanz zwischen ICH und DU: Spotlight IV
ISBN Nr. 978-3741835223

Carpe diem - vertraue deinem Herzen: Spotlight V
ISBN Nr. 978-3743182165

Traumzeit - Impulse zum Energiekartenset
ISBN Nr. 978-3741899508

Diese Bücher können Sie über mich oder im Buchhandel
erwerben.
Weitere Informationen finden Sie unter:
www.beate-hefler.de